Blunk ☞ Kunde aus Osmanien

Manfred Blunk

Kunde aus Osmanien

Kreuz und quer Gedachtes

© 2004 by Manfred Blunk, Berlin
Alle Rechte vorbehalten
Herstellung und Verlag:
Books on Demand GmbH, Norderstedt
ISBN 3-8334-1029-9
4,90 €

Wenn nicht die
Tat dem Worte
Kraft verleiht,
bleibst du ein
Schwätzer,
dem man nicht
wird folgen.

(Dresden, 1960er Jahre)

Drastische Kritik

Schreib ein
Gedicht
ich
und freu mich
des letzten
sich sträubenden
Wortes.
Summt eine
Fliege
ums Ohr mir,
setzt auf mein
Werk
sich und
sch...
drauf.
Sollt es so
schlecht sein?

(Dresden, 1960er Jahre)

Herr Knulb saß mit wachsendem Unmut in einer Versammlung. Es wurde viel geredet, was nicht heißt, dass auch viel gesagt wurde. Als jemand von echter Hilfe sprach, fragte Herr Knulb, was denn unechte Hilfe sei. Auf eine solche Frage war niemand vorbereitet. Man geriet in Streit, und die Versammlung wurde beendet. So einer ist Herr Knulb.

(Dresden, 1960er Jahre)

Der kleinste Arsch
ist nicht zu klein,
ein Deutscher kommt
noch stets hinein.

(Dresden, 1960er Jahre)

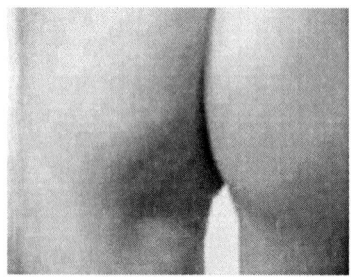

Eingang hier!

Das Anstehen in den Geschäften
ist mitunter so anstrengend,
dass die Männer, die auf ihre
Schlange stehenden Frauen warten,
sich setzen müssen.

(Dresden, 1950er Jahre)

Am Elbstrand

Nimmermüd fließet der rastlose Strom,
der Leid sah und Freude,
hin durch die Zeiten
wie Freude und Leid.

Wir aber gehen am Abend zur Ruh;
doch andere kommen,
kommen und gehen
wie Wasser im Strom.

(Dresden, 1960er Jahre)

Schon mancher wollte eine
Rede
halten, doch am Ende war es nur eine
Lese.

(Dresden, 1960er Jahre)

Der unbequeme Großvater

Silberstrich hatte erst vor kurzem mit dem Schreiben begonnen und war unter den Großen der Wortkunst noch völlig unbekannt. Heute nun las er aus seinem ersten Werk.

Als er geendet hatte, begann die Diskussion. In der letzten Reihe meldete sich eine Frau zu Wort. „Im Großen und Ganzen ist das ganz nett, was Sie da geschrieben haben, aber die Stelle, wo der Großvater die Kühe so furchtbar schlägt – na, ich weiß nicht. Wir geben uns im Tierschutzverein die größte Mühe, und dann liest man so was vielleicht in Büchern."

„Gute Frau", entgegnete Silberstrich, „der Großvater war doch nun mal so. Er sprach mit den Kühen – beim Füttern, in der Koppel: immer sprach er mit den Kühen. Und weil sie ihm nicht antworteten, wurde er wütend. Wenn sie dann gar zu störrisch waren, hat er sie eben geschlagen. So war nun mal der Großvater."

„Das muss aber nicht unbedingt in Ihrem Buch stehen, der Großvater hatte doch bestimmt auch gute Seiten."

„Gewiss", antwortete Silberstrich etwas unsicher. Er war kein Sturkopf und nahm durchaus Lehre an. „Dann streiche ich die Stelle eben." Die Frau in der hinteren Reihe war sehr zufrieden.

Jetzt meldete sich ein Mann, der, seiner Uniform nach, bei der Feuerwehr war. „Alles kaufe ich Ihnen ab, auch die geschlagenen Kühe", sagte der Uniformierte. „Aber dass der Großvater jeden Abend im Bett raucht –"

„Ich weiß, was Sie sagen wollen", unterbrach ihn Silberstrich, „aber es ist ja nie was passiert."

„Es hätte aber was passieren können", ereiferte sich der Feuerwehrmann. „Erst vorige Woche –"

„Gut, gut!", rief Silberstrich dazwischen, „ich werde auch diese Stelle streichen."

Die Diskussion war heiß entbrannt; mancher Versammlungsleiter hätte seine helle Freude an ihr gehabt. Allen gefiel Silberstrichs Werk im Großen und Ganzen, aber jeder hatte auf seine Art auch was an ihm zu bemängeln. Außer der Tierschutzfrau und dem Feuerwehrmann noch ein Gärtner, eine Lehrerin, ein Jugendfunktionär und ein Pressevertreter.

Silberstrich hatte jeden der vielen Einwände beherzigt. So stand denn am Ende nur noch der eine Satz da: „Der Großvater war ein alter Mann, als er starb."

Daran hatte niemand mehr etwas auszusetzen.

(Dresden, 1960er Jahre)

Korf erfindet die Filumpzi

Korf erfindet etwas Neues
und er findet es auch gut
und spricht: „Muss ja keiner wissen,
was Korf hier erfinden tut."
Darum nennt er es nicht X, nein,
er bezeichnet es mit U,
und kommt wer rein in sein Zimmer,
deckt er die Erfindung zu.

Aber Korfens Vorgesetzter
sagt: „Korf, nein, so geht das nicht,
wenn man solches tut erfinden,
macht man dazu aus das Licht."
Korf erfindet trotzdem weiter
an dem X alias U,
nur deckt er jetzt vor sich selber
ständig die Erfindung zu.

Doch vom Vor- der Vorgesetzte
schaltet sich nun selber ein:
„Licht aus, gut Korf, doch reicht solches
bei der Sache noch nicht, nein."
Drum steckt Korf in ein Behältnis,
welches er Filumpzi tauft,
seine X/U-Erfindung,
dass sie keiner klaut noch kauft.

Korf, von wahrer Geistesgröße,
zeigt sich keineswegs empört,
hat er doch von bösen Dingen
grade neulich erst gehört.
Dienstbeflissen schafft er nächtens
die Filumpzi U/X
an ein heimlich-stilles Örtchen
und vergräbt daselbst sie fix.

Nach drei Wochen, der Minister
spricht: „Den Korf sofort zu mir!
Korf, der ist ein ganz, ein Großer,
hatten solchen noch nicht hier."
Aber Korf ward nicht gefunden,
wie man ihn auch suchen tat;
was am Ende den Minister
fürchterlich getroffen hat.

Denn von Korfen die Erfindung
ist die größte auf der Welt,
wer sie hat, der ist der Stärkste
und kriegt eine Menge Geld.
Nur weiß keiner außer Korfen
wo jetzt die Filumpzi ist,
darum lässt sich gut verstehen
dass man Korfen sehr vermisst.

Korf nun ist ein wahrhaft rechter
Mann, der streng nach Vorschrift schafft,
und das X in seinem Kopfe
raubt zum Leben ihm die Kraft.
Denn, so denkt er, wenn man sein X
ständig hält so streng geheim,
darf dasselbe in dem Kopfe
von dem Korf ja auch nicht sein.

So beschließt er ohne Zögern
mit dem letzten bisschen Kraft,
den Erfinder Korf zu opfern
der geheimen Wissenschaft.
Doch nun fehlen sie uns beide,
Korf und auch sein U/X
und wir haben von den beiden
bis auf die Erinnrung nix.

So erkennt denn aus dem Ganzen,
dass bei allem, was man tut,
man soll auf dem Teppich bleiben,
Übertreibung ist nicht gut.
Denn es liegt nun die Filumpzi
mit dem Korfschen X darin
völlig unnütz an dem Örtchen,
wo sie keinem bringt Gewinn.

(Dresden, streng geheime Militärprojektierung 1978)

Das Auftragswerk

Paul Schramm, Mitglied des Zirkels schreibender Arbeiter, Träger der roten Mainelke und anderer staatlicher Auszeichnungen sowie ständiger Teilnehmer am Werkküchenessen wird zu seinem BGL-Vorsitzenden gerufen: „Paul, du bist doch unser Betriebsdichter. Wie du weißt, stehen die Arbeiterfestspiele vor der Tür. Kannst du uns nich 'n kleines Gedicht schreiben oder wenigstens 'n Zweizeiler? Aber in vierzehn Tagen muss das fertig sein."

Nach zwei Wochen kommt Paul Schramm, Mitglied des Zirkels schreibender Arbeiter, Träger der roten Mainelke und anderer staatlicher Auszeichnungen sowie ständiger Teilnehmer am Werkküchenessen und liest vor:

„Unser Wald
Im Wald, da liegt ein Ofenrohr –
nun stellt euch mal die Hitze vor."

„Mensch Paul, so ein Unsinn! Das können wir doch nicht bei den Arbeiterfestspielen bringen. Lass dir mal was Vernünftiges einfallen."

Acht Tage später liest Paul Schramm, Mitglied des Zirkels schreibender Arbeiter, Träger der roten Mainelke und anderer staatlicher Auszeichnungen sowie ständiger Teilnehmer am Werkküchenessen wieder vor:

„Das Wetter
Seht nur, wie die Sonne lacht,
das hat die SED gemacht!"

„Nee Paul, so ein Quatsch! Seit Millionen Jahren scheint die Sonne, was hat denn damit die Partei zu tun. Reiß dich mal zusammen! Du bist doch Bergmann. Schreib über deinen Beruf – vielleicht was vom Arbeitsschutz."

Nach fünf Tagen ist Paul Schramm, Mitglied des Zirkels schreibender Arbeiter, Träger der roten Mainelke und anderer staatlicher Auszeichnungen sowie ständiger Teilnehmer am Werkküchenessen wieder da:

„Der Unfall
Rumpel die pumpel, dot ist der Kumpel.
Schippe Kohle drauf – Glück auf!"
„Das wird ja immer schlimmer! Wer soll sich denn so was anhörn! Menschenskind Paul! Das kann doch nicht so schwer sein. Und wenn's bloß 'ne Losung übern Wettbewerb ist."
Drei Tage später ist Paul Schramm, Mitglied des Zirkels schreibender Arbeiter, Träger der roten Mainelke und anderer staatlicher Auszeichnungen sowie ständiger Teilnehmer am Werkküchenessen abermals beim BGLer:
„Das Transparent
Der Kumpel in den Schacht rein kriecht,
damit der Sozialismus siecht."
„Jetzt spinnst de, Paul! Als Bergmann weißt du doch genau: Der Kumpel kriecht nicht in den Schacht rein, er fährt ein. Und der Sozialismus siecht nicht, der Sozialismus siegt! – Ich geb's auf, Paul. Das hat keinen Zweck mit dir. – Oder willst du's noch mal versuchen?"
Am nächsten Tag liest Paul Schramm, Mitglied des Zirkels schreibender Arbeiter, Träger der roten Mainelke und anderer staatlicher Auszeichnungen sowie ständiger Teilnehmer am Werkküchenessen sein neustes Werk vor:
„Unser Haus
Die Sonne scheint ins Kellerloch –
lass sie doch – lass sie doch!"
Da gehen dem Vorsitzenden die Nerven durch. Er schmeißt Paul Schramm raus und sieht ihn für die nächste Qualifizierung vor.

(DDR-Volksmund 1980er Jahre; BGL: Betriebsgewerkschaftsleitung, SED: Sozialistische Einheitspartei Deutschlands)

Es ist ganz erstaunlich, mit welcher Ehrfurcht viele Menschen dem gedruckten Wort begegnen, selbst dann noch, wenn das, was es sagt, höchst fragwürdig ist. Hingegen wird oft ein eilig hingeworfener Krakel gering geschätzt, wie bedeutend er auch immer sein mag.

(Berlin, 1999)

Der menschliche Urknall besteht darin, dass der Mensch, seitdem es ihn gibt, sich mit wachsender Geschwindigkeit von sich selbst entfernt. Darum wohl sollten Adam und Eva nicht vom Baum der Erkenntnis essen. Doch ohne den bewussten Apfel säße der Mensch zwar immer noch im Paradies, aber eben nur als Affe. Die Sache ist verzwickt.

(Berlin, 1992)

Indem wir sie erziehen, geben wir die eigene Unvollkommenheit an unsere Kinder weiter.

(Berlin, 2001)

Leben heißt immer wieder anfangen.

(Berlin, 1999)

Warum gibt es das Sein? – Drei Nobelpreise für die gültige Antwort. Aber gibt es das Nichts? Wenn es das Nichts nicht gäbe, müsste das Sein in jeder Hinsicht unendlich sein, da das Nichts außerhalb eines endlichen Seins möglich wäre. Könnte es innerhalb eines unendlichen Seins ein wie auch immer geartetes Nichts geben? Wahrscheinlich nicht.

(Berlin, 2002)

Das wahre Wesen des Seins – also all dessen was war, ist und sein wird – werden wir erst dann richtig verstehen, wenn wir uns das ganz Kleine und das ganz Große und letztlich das Phänomen Unendlich in seiner ganzen Vielfalt einigermaßen genau vorstellen können.
Unendlich aber heißt: Es gibt kein Kleinstes, aber immer noch ein Kleineres; es gibt kein Größtes, aber immer noch ein Größeres; es gibt kein Erstes, aber immer noch ein Früheres; es gibt kein Letztes, aber immer noch ein Späteres; es gibt kein Langsamstes, aber immer noch ein Langsameres; es gibt kein Schnellstes, aber immer noch ein Schnelleres – und immer so fort. Werden wir Endlichen die Unendlichkeit je erkennen können?

(Berlin, 1999)

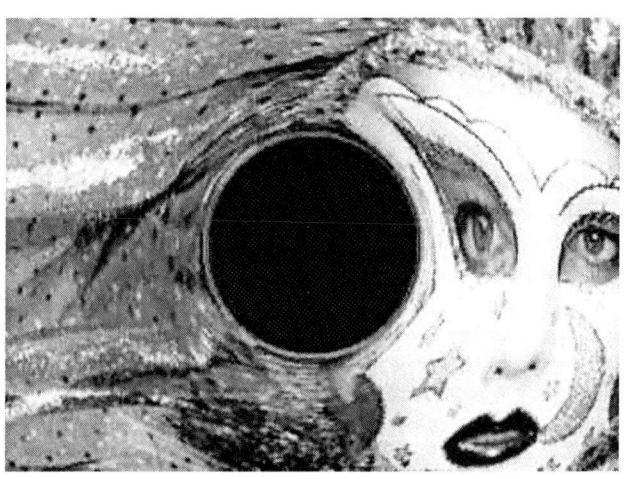

Ich bin auf dem Weg vom
Irrtum zur
Wahrheit. Wer will mich
aufhalten?

(Berlin, 2003)

Zum 70.

Im Oktober kommt der Lenin

mit der Fahne in der Hand,
und die Fahne, die ist rot,
und weht bald im ganzen Land.

    Ach, lass doch fahren hin,
    was früher alles war,
    o Mischa gib uns Tee
    aus dem neuen Samowar.

Doch der Jossif stellt so manchen
Kommunisten an die Wand,
weil er wohl den Leninismus
aber Lenin nicht verstand.

Das macht den Nikita böse,

und es lässt ihm keine Ruh;
und er deckt das alles auf,
und er gibt das alles zu.

Doch es kommen neue Männer,
und es kommen immer mehr;
und es ist so wie im Sprichwort:
Wie der Herre, so's Gescherr.

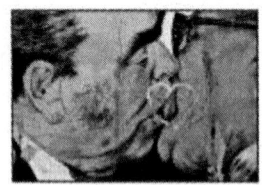

Aber Michail, der Kühne,

hebt die Fahne wieder auf,
und nun nimmt, wie's Lenin wollte,
die Geschichte ihren Lauf.

(Berlin, 1987)

Leichte
Siege
verführen oft zu großen
Niederlagen.

(Berlin, 2002)

Die Menschheit
ist klug genug, um sich selbst
umzubringen
und dumm genug, um das
zu verhindern.

(Berlin, 2002)

Die rechte Haltung zum
Krieg
gewinnt man durch
Niederlagen –
nicht durch
Siege.

(Berlin, 2002)

Wenn Kinder ihre Mütter fragen: „Was ist das, Soldat?", dann wird das Wort **Friede** eine ganz neue Bedeutung erlangen.

(Berlin, 1999)

Mit dem Unrecht ist das so eine Sache: Es kommt sehr viel häufiger vor als das Recht. Aber während der Besiegte für begangenes Unrecht gewöhnlich hart büßen muss, wird das Unrecht des Siegers nie gesühnt.

(Berlin, 2003)

Es heißt, die neuen Waffen der USA würden immer intelligenter werden. Von den Präsidenten kann man das leider nicht sagen.

(Berlin, 13.03.2003)

Jeder Krieg kehrt dahin zurück, wo er hergekommen ist. Früher oder später.

(Berlin, 2002)

Faust 2000
(Original: Faust. Zweiter Teil. 5. Akt – 11560)

Ein Sumpf zieht hinterm Rhein sich hin,
verdirbt so manches schon Errungene;
den Sündenpfuhl jetzt abzuziehn,
fürwahr, das wär das Höchsterrungene.
Erhoffen sich doch viele ehrbare Millionen
den schwarzen Clan an Rhein und Isar zu entthronen.
Im Innern hier ein wahrhaft redlich Land?
Sind Lug und Trug dem schwarzen Klüngel unbekannt?
O nein! Mit hinterlistig-krimineller Kraft
hält an der Macht sich hier die Bimbes-Bruderschaft.
Doch ich bin jenem Sinne ganz verbunden,
und so versteh ich wahres Menschenrecht:
Nur der verdient die Macht sich unumwunden,
der täglich sie gebraucht mit Fug und Recht.
Hier aber läuft die Bürgerschaft Gefahr,
die Macht missbraucht zu sehen Jahr für Jahr.
Solch ein Gewimmel möcht ich sehn,
wenn all die Bimbes-Buben knasten gehn.
Zum Augenblicke dürft ich sagen:
Verweile doch, du bist so schön!
Es darf des Volkes zornig Klagen
nicht in den Talkshows untergehn. –
Im Vorgefühl von solchem hohen Glück
genieß ich jetzt den höchsten Augenblick.

(Berlin, 2000)

Die Aktienkurse werden in Bimbesland täglich an die hundertmal verkündet, die Arbeitslosenzahlen immerhin noch einmal im Monat, die Obdachlosenzahlen vielleicht einmal im Jahr. Da ahnt selbst ein Dummer, wem dieser Staat dient.

(Berlin, 2000)

Die zahlreichen Fehlleistungen der deutschen Politik werden von denen der deutschen Justiz noch übertroffen. Da muss man schon einen verdammt hohen Intelligenzquotienten haben, um kein „Terrorist" zu werden.

(Berlin, 2001)

Maikäfer flieg!
Kein Ende nimmt der Krieg.
Wessi sitzt in Ossiland,
Ossiland ist abgebrannt.
Maikäfer flieg!

(Berlin, 2003)

Wo glauben anfängt, hört denken auf.

(Berlin, 1999)

Wenn die Kirchen leer bleiben und die Pfaffen arbeitslos werden, bekundet das gläubige Volk, dass es auf das Denken nicht verzichten möchte.

(Berlin, 2000)

Das Denken gehört zu den größten Vergnügungen der menschlichen Rasse.

Brecht, Galilei, 3

Die Religionen sind ein gut Teil des Übels dieser Welt.

(Berlin, 1999)

Saba Steck

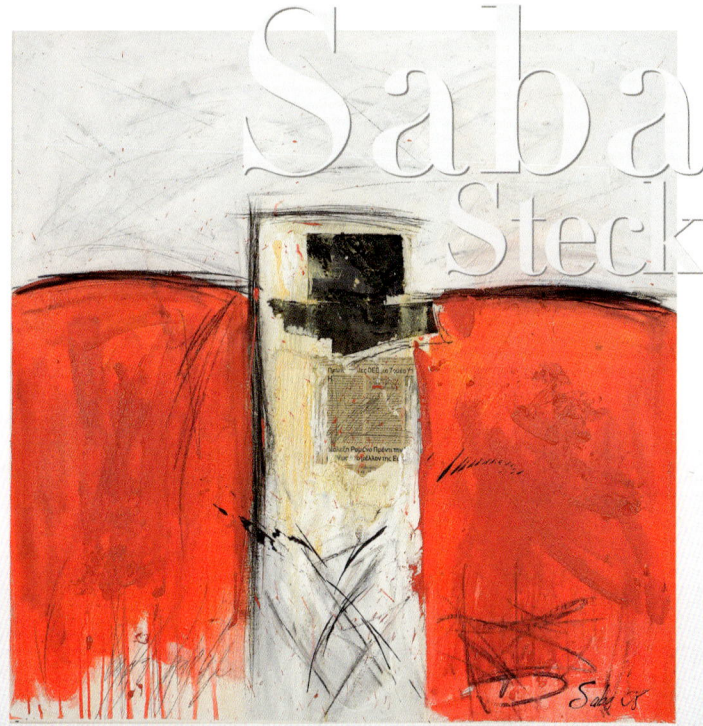

Dauerausstellung
Bilder von Saba Steck

Galerie Saba Steck
Promenada 29, CH-7018 Flims-Waldhaus   081 911 10 25 | 079 753 49 08
Besuchen Sie die grosse Online-Galerie im Internet   www.sabasteck.ch/galerie

Saba Steck, Künstlerin

Seit Ende 2005 betreibt die aus der Region Biel stammende Künstlerin Saba Steck ihre Galerie in **Lenzerheide** und neu auch in **Flims-Waldhaus**. Sie ist seit über 15 Jahren in der Schweizer Kunstszene und hat sich ihr ganz eigenes Konzept entwickelt. Steck wählte dabei den direkten Weg, ihre Kunst in ihrem Atelier oder im Freien zu erarbeiten und in der eigenen Galerie zu verkaufen. Dies erfordert mehr Präsenz, den Fokus auch auf den Verkauf und den engen Kontakt zu ihrer Kundschaft. Dazu zählt sie viele Privatkunden, aber auch Firmen wie Versicherungen und mittlere Betriebe, welchen sie teilweise ganze Kunstkonzepte ausliefert.

Ihre künstlerische Ausdrucksweise ist generell abstrakt. Sie basiert darauf, Collagen mittels Acryl auf Leinwand sehr fliessend und effizient zu erarbeiten. Ihre Werke werden in der Ausführung nicht überproduziert, sondern finden durch den emotionalen Entwicklungsprozess am Bild ihr automatisches Ende. Dabei spielen Zufälle ebenso eine Rolle wie Experimente mit fremden, reliefartigen Materialien, welche nie genau reproduzierbar und somit einzigartig sind.
In der Ausführung wirken Stecks Bilder sehr pointiert und angepasst im Context ihrer Umgebung. Dies mittels der Farbgestaltung, dem zufällig Entstandenen im Bild und durch die Collagen mit durch den Entstehungsprozess versteckten Details, die mit dem fortwährenden Betrachten immer mehr entdecken lassen.

Neben ihrem eigenen Kunstschaffen bietet Saba Steck seit Beginn ihrer Tätigkeit als Künstlerin **Malkurse** für Kinder und Erwachsene an. Die Kurse finden an einzelnen Halbtagen bis zu Wochenkursen statt, an denen auch Kulinarik und Gesellschaft ein fester Bestandteil ist und den Kurs zum Erlebnis machen.

Wer braucht Gott?

Eines Tages stehen zwei Männer vor meiner Wohnungstür und verwickeln mich mir nichts dir nichts in ein Gespräch über Gott und die Welt – vor allem aber über Gott. Wahrscheinlich sind die beiden Zeugen Jehovas; jedenfalls versuchen sie mich fortwährend von der Existenz Gottes zu überzeugen. So ganz scheint ihnen das aber nicht zu gelingen, und als ich ihnen schließlich sage, das einzige, was mir zu Gott einfiele, sei: Mensch, werde Gott!, ziehen sie es denn doch vor, sich zu verabschieden. Aber bevor sie gehen, schenken sie mir ein Buch: „Das Leben – Wie ist es entstanden? Durch Evolution oder durch Schöpfung?"

Die „Wachtturm Bibel- und Traktat-Gesellschaft" vertreibt das Werk. Immerhin wird darin ziemlich plausibel erklärt, dass der Mensch wohl doch nicht das Ergebnis einer Evolution auf der Erde sein könne, woraus dann messerscharf geschlossen wird, dass er seine Existenz einem Schöpfungsakt Gottes verdanke, was im übrigen durch die Bibel eindeutig belegt sei. Da komme ich denn doch ins Grübeln. Warum sollte so ein ganz und gar unbegreifbarer Gott, wie ihn zum Beispiel die katholische Kirche predigt, an den man glauben muss und dennoch nichts von seiner Existenz erfährt, warum sollte ein solcher Gott uns Menschen erschaffen haben, aus welchem Grund, zu welchem Zweck?

Die Frage ist nicht neu; schon lange vor uns wollten Menschen wissen, wo wir herkommen. Sicherlich ist die Bibel eine Quelle, aus der man eine Menge über die Entwicklung der Menschheit erfahren kann, aber ist sie der Weisheit letzter Schluss? Vor allem: Ist das alles richtig gedeutet, was wir den heutigen, zum x-ten Mal abgeschriebenen und übersetzten Fassungen entnehmen? Kann es nicht sein, dass die ursprüngliche Bibel wohl wahr ist, wir aber nicht in der Lage sind, die Wahrheit zu erkennen? Am

Ende gibt es gar ältere Kunde von unserem Werden, und es war alles ganz anders, als die Bibel uns weismachen will. – Was wäre denn, wenn es Gott gar nicht gäbe?

Der Papst in Rom könnte sich zur Ruhe setzen und seine Memoiren schreiben. Den Kardinälen erginge es nicht anders. Das Ministaatsgebilde Vatikan fiele wieder der Stadt Rom zu. Die Schweizergarde könnte der italienischen Polizei beim Kampf gegen die Mafia helfen, und alle Pfaffen, vom Bischof bis zum Vikar, müssten sich nach einer ehrbaren Arbeit umsehen. Die beträchtlichen Reichtümer der Kirchen würden an Arme und Bedürftige verteilt. In die Kirchengebäude könnten Obdachlose einziehen, und der Herr Pfarrer müsste – bis er eine ehrbare Arbeit gefunden hätte – den armen Hunden erklären, warum selbst in den reichsten Ländern der Erde nicht alle Menschen eine Wohnung haben. Die eingesparten Mitgliedsbeiträge, gewöhnlich demagogisch als Kirchensteuer bezeichnet, könnten für die Beköstigung der Obdachlosen gespendet werden. Auch Nonnen und Mönche würden in die entkirchte Gesellschaft aufgenommen: Sie könnten einander heiraten und – da sie ja vermutlich weiterhin gegen jede Art von Abtreibung wären – mit reichlichem Kindersegen die sogenannten hochentwickelten Industriländer vor Überalterung bewahren.

Natürlich beträfe das alles nicht nur die christlichen, sondern auch alle anderen Kirchen und Religionsgemeinschaften. Die muslimischen Fanatiker in Algerien könnten ihre religiösen Morde nicht mehr als Wille Gottes verbrämen, sondern müssten sich als ganz gemeine Mörder aburteilen lassen. Und auch die Ajatollahs würden wohl etwas kürzer treten müssen, denn was da im Koran steht, könnte alles Mögliche sein, nur eben nicht die Botschaft Gottes. Kurzum: Ohne „unseren lieben Herrgott" käme wahrscheinlich einiges ins Rutschen im Himmel und auf Erden. Ist Ihnen jetzt klar, dass es Gott geben *muss*?

(Berlin, 1990er Jahre)

> Interessant,
> der Blunk!
> Weiß Gott!

Religionen sind die Hintergrundstrahlung des menschlichen Urknalls.

(Berlin, 1999)

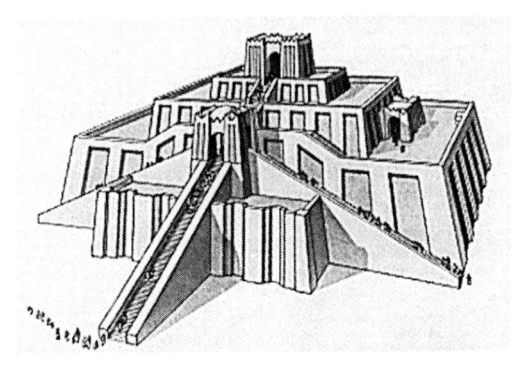

Ich brauche keinen

Gott

um ein

Mensch

zu sein.

(Berlin, 1999)

Mein Gott heißt

Louis Armstrong

(Berlin, 2001)

Nichts im Leben könnte mich fröhlicher stimmen als
Dixieland

(Berlin, 1999)

Wir Männer ohne die
Frauen,
das wär wie der
Frühling ohne
Blumen.
Ich glaube, die
Rippe
hat sich gelohnt.

(Dresden, 1960er Jahre)

Frauen sind wie Straßenbahnen; wenn man mit ihnen verkehren will, muss man auf sie warten können.

(Dresden, 1960er Jahre)

Woldemar und Edelberta

Woldemar, ein Brauermeister,
braute mit 'ner Frauenschar
täglich Bier für durst'ge Geister,
wofür ihm zu danken war.

Edelberta, eine kleine,
nette und adrette Frau,
hatte schöne schlanke Beine
und war auch ein wenig schlau.

Die Beine sah Woldo täglich,
sie berauschten seinen Sinn,
er beherrschte sich nur kläglich
und war bald schon vullends hin.

„Edelberta", sprach der Woldo,
„meine Liebe, die ist dein,
mache bitte du mein Herz froh,
ich kann ohne dich nicht sein."

Berta schlug die Augen nieder
und ergriff gleich seine Hand,
Woldo strich ihr übers Mieder,
so entstund der Liebe Band.

Doch Woldo war schon vergeben,
das erschwerte die Liebe,
mit zwei Frauen musst er leben,
tat es ihm auch manchmal weh.

Dennoch kamen schöne Stunden,
und dem Woldo schwoll der Kamm,
war die Jugend auch geschwunden,
ging er doch ganz mächtig ran.

Auch der Wohnung seiner Flamme
nahm sich Woldo pflegend an,
Berta erlaubt das dem Manne,
und sie glaubt auch, dass er's kann.

Er vergipste ihr die Löcher,
und er leimte tüchtig vor,
das gefiel ihr noch und nöcher,
sie gab ihm auch was davor.

Doch die andern Brauersfrauen
wurden böse mit der Zeit,
keine wullt mehr mit ihm brauen,
und dann war es bald so weit;

Woldos Bier ward immer dünner,
immer dünner ward das Bier,
doch er liebte sie noch immer,
und er war auch oft bei ihr.

Die Leitung von dem Brauhause
fand solch Treiben unerhört,
sie schickte Woldo nach Hause,
war auch dieser sehr empört.

Woldo nahm sich das zu Herzen,
hängte sich an einen Baum,
Berta weinte laut vor Schmerzen,
glauben wollte sie es kaum.

Darum merket euch, ihr Leute,
liebet euch beim Brauen nicht,
solches bringet keine Freude,
wie man hört aus dem Gedicht.

(Dresden, 1960er Jahre)

Einmal befand sich Herr Knulb in Begleitung einer sehr schönen Dame. Als sie an einer Losbude vorbeikamen, fragte sie ihn: „Haben Sie eine glückliche Hand?"

Herr Knulb sah die Dame eine Weile an und antwortete dann: „Das kommt ganz darauf an, was ich mache."

(Dresden, 1960er Jahre)

Wenn eine
Frau
schlecht ist,
hat sie meistens ein
Mann
verdorben.

(Dresden, 1960er Jahre)

Ode an die Frauenbrust
Unterteilt nach Größen

Beliebt ist auf der ganzen Welt
ein schöner Busen, der gefällt
uns Männern mit und ohne Hülle
bei Petra, Gudrun und Sibylle.

Sehr launisch zeigt sich die Natur
bei der Gestaltung der Figur.
Hier lässt sie tolle Formen wippen,
dort sieht man nichts als Haut und Rippen.

Ganz ungeeignet ist zum Schmusen
die Größe *eins*, der Minibusen.
Kein Wunder, dass sehr schnell ermüdet,
wer so ein glattes Weib behütet.

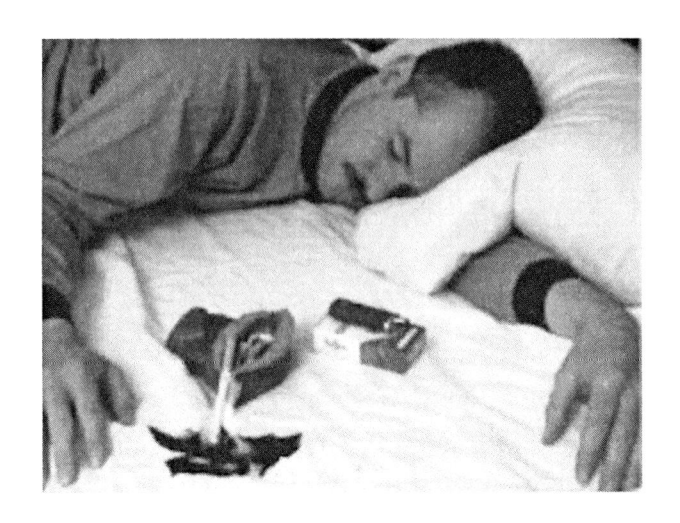

Bescheiden ist auch das Vergnügen
an Brüsten Größe *zwei* zu liegen,
doch ist hier schon herauszufinden,
was vorne ist und auch was hinten.

Die Größe *drei* ist schon erträglich,
da hat man was, da wird's beweglich,
wenn ein Bikini sie umhüllt,
sich unser Herz mit Freude füllt.

Mit Größe *vier* und schlanken Hüften
Kann eine Frau dich schnell vergiften,
du zappelst mit verwirrten Sinnen
wie ein Insekt im Netz der Spinnen.

Welch Weib weiß nicht um seine Trümpfe,
steht im Bikini eine *fünfe*;
kein Rosengarten ist so schön,
wie so ein Busen anzusehn.

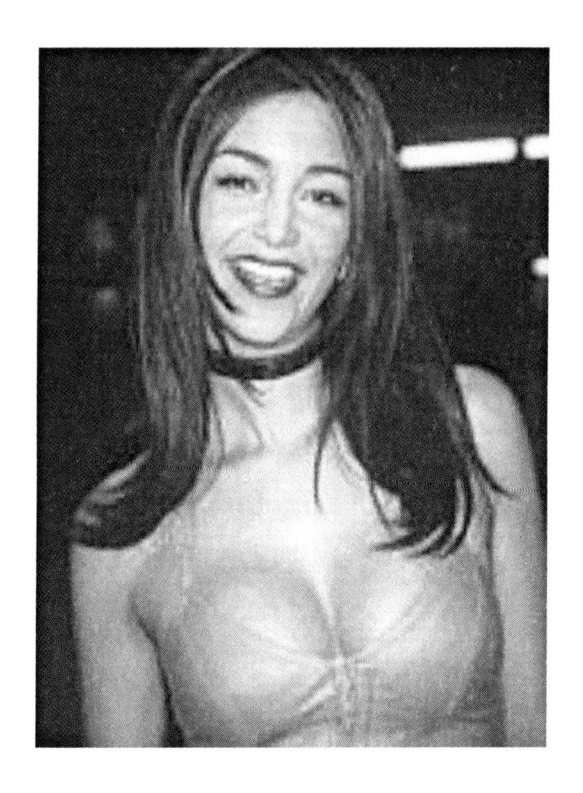

Der Mann, der nie in seinem Leben
ist einer Größe *sechs* erlegen,
der muss nun auf den Himmel hoffen,
weil er's im Leben nicht getroffen.

Die Frau, die mit der Größe *sieben*
ist anderwärts noch schlank geblieben,
bringt meistens auf der Leinewand
die Männerwelt um den Verstand.

Ganz unbeschreiblich ist die Pracht
von einem Busen Größe *acht*.
„Ich hab gelebt!", sagt eh er stirbt,
wer solches Weibes Gunst erwirbt.

Die Größe *neun* taugt nur fürs Bett,
man sichert durch ein Kuchenbrett,
dass die korsettbefreiten Riesen
nicht auf die Bettumrandung fließen.

Ihr Campingfreunde, hört mal her,
ist Größe *zehn* auch superschwer,
spart man im Urlaub doch viel Geld,
denn der BH ersetzt das Zelt.

Die Größe *elf* und Folgegrößen
darf nur die Polizei entblößen.
So eine Brust passt in kein Kleid,
drum schweigt des Sängers Höflichkeit.

(Sächsischer Volksmund, Dresden, 1960er Jahre)

Von **Manfred Blunk** im Buchhandel und bei
www.libri.de lieferbar:

Aufbruch ins Gestern

Wendelust und Einheitsfrust im Osten

ISBN 3-8330-0527-0   10,00 €

Kontakt: manfred.blunk@t-online.de

Leseprobe aus „Aufbruch ins Gestern":

Wir würden heute aber wohl auf das eine oder andere verzichten, nach dem wir so sehr gelechzt haben vor der Wende, wenn wir uns dafür zum Beispiel nachts alleine auf die Straße wagen könnten, oder Arbeit hätten, oder nicht soviel Miete zahlen müßten, oder für die Kinder eine Lehrstelle fänden, oder, oder, oder ...

Wenn ich unseren Aufbruch "heim ins Reich" auf eine Kurzformel bringen sollte, dann hieße sie: Wir haben **die unmenschliche Menschlichkeit des stalinistischen Sozialismus** gegen **die menschliche Unmenschlichkeit des mafiosen Kapitalismus** eingetauscht. Für Brecht ist das eigentliche Verbrechen im Kapitalismus der Kapitalismus selbst. Ganz im Marxschen Sinne vergleicht er die gewöhnliche kapitalistische Kriminalität mit der kriminellen "Ausbeutung des Menschen durch den Menschen":

Was ist

ein Dietrich gegen eine Aktie,

was

der Einbruch in eine Bank

gegen die Gründung einer Bank;

was ist

die Tötung eines Mannes

gegen die Einstellung eines Mannes!

Und dennoch: Ich wollte nicht zurück in Erichs Homeland. Doch das Deutschland, in dem ich *leben möchte*, müßte schon etwas anders aussehen als das, in dem ich *lebe*.

Zu guter Letzt:

Das Wort zum (Wahl-)Tage

So wie wir heute wählen, werden wir morgen leben.
Und das gilt nicht nur für die Partnerwahl!

(Berlin, Sommer 2003)